Linguaggio Del Corpo

Capire Linguaggio Del Corpo

(Guida Per Diventare Una Persona Di Successo)

Enzo Onio

Traduzione di Daniel Heath

© **Enzo Onio**

Todos os direitos reservados

Linguaggio Del Corpo: Capire Linguaggio Del Corpo (Guida Per Diventare Una Persona Di Successo)

ISBN 978-1-989808-88-7

TERMINI E CONDIZIONI

Nessuna parte di questo libro può essere trasmessa o riprodotta in alcuna forma, inclusa la forma elettronica, la stampa, le fotocopie, la scansione, la registrazione o meccanicamente senza il previo consenso scritto dell'autore. Tutte le informazioni, le idee e le linee guida sono solo a scopo educativo. Anche se l'autore ha cercato di garantire la massima accuratezza dei contenuti, tutti i lettori sono avvisati di seguire le istruzioni a proprio rischio. L'autore di questo libro non potrà essere ritenuto responsabile di eventuali danni accidentali, personali o commerciali causati da un'errata rappresentazione delle informazioni. I lettori sono incoraggiati a cercare l'aiuto di un professionista, quando necessario.

INDICE

Parte 1 1

Introduzione 2

Capitolo 1: La Precisione Del Linguaggio Del Corpo 3

Capitolo 2: Stabilire Degli Standard 16

Capitolo 3: Espressioni Facciali 29

Capitolo 4: Movimenti Degli Occhi O Delle Mani 47

Capitolo 5: Voce E Corpo 57

Conclusione 68

Parte 2 69

Introduzione 70

Capire Il Linguaggio Del Corpo 73

Che Cos'è Il Linguaggio Del Corpo? 75

Perché Il Linguaggio Del Corpo È Importante? 77

Elementi Della Comunicazione Con Il Linguaggio Del Corpo 79

Espressioni Del Volto 80

Occhi 84

Gesti 86

Postura 88

Voce 90

Aspetto 91

Contatto Fisico 91

Il Linguaggio Del Corpo Nel Business 92

Suggerimenti Sul Linguaggio Del Corpo Nel Lavoro 95

Suggerimenti Sull'uso Del Linguaggio Del Corpo Per Parlare In Pubblico, Tenere Un Discorso E Fare Presentazioni 98

Suggerimenti Sull'uso Del Linguaggio Del Corpo Nei Colloqui Di Lavoro 100

Errori Da Evitare Nell'uso Del Linguaggio Del Corpo 104

Conclusioni 108

Parte 1

Introduzione

Per prima cosa ti ringrazio per aver acquistato questo libro. Non te ne pentirai!

Questo libro contiene tutte le strategie e le procedure da seguire per poter leggere il linguaggio del corpo e capire se l'interlocutore sta dicendo la verità o una menzogna.

Tutti sanno che spesso il corpo è in grado di rendere note le reali intenzioni del parlante. Anche i gesti appena accennati e le parole che sembrano meno dense di significato sono infatti capaci di dire molto su una persona, se si è capace di interpretarle. Sia a lavoro che a casa, capire se l'interlocutore sta mentendo è fondamentale.

Grazie a questo libro imparerai a riconoscere le piccolezze di cui si parlava prima, potendo così smascherare le bugie.

Grazie ancora per aver scaricato questo libro, spero che ti piacerà!

Capitolo 1: La precisione del linguaggio del corpo

Innanzitutto, va puntualizzato che, mentre le parole possono venir plasmate, il corpo risulta essere molto più diretto, e che ognuno ha un diverso modo per esprimere le proprie emozioni attraverso di esso.

Per questo motivo, quando si cerca di individuare una menzogna, analizzare il corpo dell'interlocutore diventa particolarmente utile. Con il proprio corpo, ognuno esprime intenzioni ed emozioni in modo differente.

E questa è anche la ragione per cui c'è una grande probabilità che tu riesca a leggere il linguaggio del corpo di un tuo amico più accuratamente di un esperto di comunicazione non verbale.

Perciò, se speri di utilizzare questo libro per poter smascherare i bugiardi, è meglio iniziare analizzando persone con cui sei a contatto tutti i giorni.

Quindi, quanto è preciso il linguaggio del corpo nel mandare piccoli segnali che indicano se si sta dicendo la verità o no?

Ogni giorno si parla con molte persone, con alcune si ha un rapporto stretto mentre di altre nemmeno si conosce il nome, eppure, in un modo o nell'altro, si ripone della fiducia in loro.

Si mente per proteggere i propri interessi o per sfruttare le opportunità. È importante allenarsi a riporre l'attenzione anche nei più piccoli dettagli, che potrebbero però essere segnali lampanti che il parlante sta mentendo.

Il linguaggio del corpo nella cultura di massa

I media hanno giocato un ruolo fondamentale nel suscitare l'interesse nei confronti del linguaggio del corpo da parte del grande pubblico.

Questo interesse nell'interpretazione del linguaggio del corpo si deve soprattutto alle fiction poliziesche, che mostrano come i protagonisti siano capaci di prevedere le mosse dei nemici semplicemente facendo attenzione ai dettagli.

Esempi di fiction poliziesche sono *CSI – scena del crimine* e *Criminal Minds*, dove i protagonisti tendono ad osservare il linguaggio del corpo dei sospettati per capire se stanno dicendo la verità.

Ormai arrivata alla sua dodicesima stagione, la serie tv CSI – scena del crimine è la prova che sono molte le persone che amano osservare come si possono captare le menzogne semplicemente osservando il corpo dell'interlocutore.

Anche le serie TV *The Mentaliste Psych*tendono a mostrare la capacità dei protagonisti di smascherare le menzogne. *Lie to me* và addirittura oltre; il suo protagonista, infatti, ha addirittura creato un business basato sulla sua capacità di riconoscere le bugie.

Tutte queste serie TV si basano sul concetto secondo cui delle particolari azioni e dei movimenti appena accennati sono in grado di rivelare ciò che qualcuno davvero pensa o sente.

È affascinante osservare queste procedure in TV, e potrei scommettere che hai già sperimentato le tecniche sui tuoi amici. Ma nella realtà funziona davvero così?

È davvero così facile come sembra?

È davvero possibile interpretare il linguaggio del corpo per trarne dei vantaggi?

Precisione del linguaggio del corpo

Premessa: come probabilmente già sai, il linguaggio del corpo è genuino al 100%.

Ciò che probabilmente non sai è che circa il 90% della comunicazione è non verbale e che, mentre le parole possono venir filtrate, il corpo impiega molto meno tempo per processare l'informazione prima di reagire.

Spesso non si è coscienti del proprio linguaggio del corpo.

Sono stati condotti molti studi sul linguaggio del corpo, ed è emerso che:

- Le espressioni facciali sono un buon modo per capire le emozioni di una persona, ma spesso il linguaggio del corpo "racconta" i pensieri e le emozioni con più accuratezza. Ciò è stato dimostrato grazie a una ricerca condotta dall'Università di Princeton.

- Ciò che si sente viene manifestato in primo luogo dal corpo. Ci sono reazioni chimiche che si innescano prima ancora che il conscio e il subconscio percepiscano le sensazioni. Il linguaggio del corpo e le espressioni facciali possono indicare le emozioni, che si traducono poi in intenzioni.

- Sebbene le espressioni facciali mostrino le emozioni, la maggior parte delle persone ha imparato a nasconderle bene a causa dei condizionamenti sociali e dell'ambiente scolastico. Il viso è tuttavia un buon punto di inizio per cominciare a familiarizzare con il linguaggio del corpo dato che può fornire dei segnali molto utili se si presta attenzione, ad esempio, i movimenti degli occhi e delle sopracciglia. Basti pensare alle microespressioni, che sono considerate essere capaci di far trapelare le emozioni più recondite. Si può apparire felici, ma allo stesso tempo il viso può mostrare un'espressione di sofferenza per una frazione di secondo (per questo vengono chiamate "microespressioni"). Nessuno può controllare le propriemicroespressioni. Esse appaiono quando si cerca di dissimulare emozioni forti come il dolore, la sofferenza o la gioia. Nemmeno i più esperti sono sempre in grado di captarle, motivo per cui le confessioni vengono registrate e riviste in slow-motion.

- La maggior parte delle persone non è abile a nascondere le proprie emozioni, e spesso queste trapelano attraverso il corpo, con i gesti e le posture. Come detto prima, il corpo percepisce le emozioni (e quindi gli intenti) persino prima che la mente se ne renda conto. Per riassumere, nessuno è in grado di mascherare il proprio linguaggio del corpo fino al punto di rendere le menzogne impercettibili agli occhi di un esperto. Questa è una buona notizia per chi vuole imparare a leggere il linguaggio del corpo.

- Più si conosce qualcuno, più è facile capire se sta mentendo o no. Troverai quindi meno difficoltà nel leggere il linguaggio del corpo del partner, dei figli, degli amici o del tuo capo, rispetto che quello degli sconosciuti.

- Quando si deve leggere il linguaggio del corpo, una lunga analisi fa più male che bene. Il cervello umano ha neuroni che reagiscono quando captano le emozioni degli altri. Ed è la ragione per cui, quando si sta bene in compagnia di qualcuno, si tende a copiare la sua mimica o la sua postura: è il modo che ha il cervello per stabilire connessioni con le altre persone. Non dimenticare chenoi umani siamo degli animali sociali. La cosa migliore che tu possa fare è affinare la tua sensibilità in materia, così da poter riconoscere le emozioni. Se si riflette troppo (es: *le loro mani sono al posto giusto? Le sopracciglia sono più inarcate rispetto al solito? Etc.)*, si finisce per tenere troppo occupata la mente, perdendo di vista il punto.

- Si può pensare che sia solo dopo un'attenta analisi che si possa leggere il linguaggio del corpo, ma non è così. Tutto ciò che devi fare è fidarti del tuo istinto e allenarlo a riconoscere i segnali.

- Non esiste un solo cervello. Alcuni pensano che sia solo con la mente che si legga il linguaggio del corpo, ma non è così: ci si deve fidare anche dell'intestino, in cui sono presenti neuroni collegati al cervello. L'intestino ti suggerirà cose che all'inizio potranno sembrare irrazionali ma, col tempo, non potrai far altro che dargli ragione.

- Il linguaggio del corpo è più vasto di quanto si pensa. Generalmente, quando se ne parla, i fattori che vengono presi in considerazione solo le espressioni facciali, le posture e i gesti, ma delle ricerche hanno dimostrato ad essere importanti sono anche i movimenti degli occhi (oculesica), la distanza che intercorre tra i parlanti (prossemica) e il contatto fisico con l'interlocutore (aptica). Fattori, questi, che verranno approfonditi nei prossimi capitoli.

Definire le menzogne

Lo scopo di questo libro è quello di insegnarti come riconoscere le menzogne, ma sii cosciente del fatto che questo non è una sorta di tutorial da seguire passo per passo. Le menzogne sono definite come falsità intenzionali.

Leggere il linguaggio del corpo non significa avere una lista di domande a cui rispondere "sì" o "no" per arrivare alla verità. Ti verranno forniti gli strumenti necessari a capire se una persona sta nascondendo qualcosa, ma essere in grado di individuare anche cosa è tutta un'altra storia.

Per sapere ciò che gli altri stanno camuffando, o nascondendo, non devi perder di vista il quadro generale. Investiga senza dimenticarti del contesto.

Questa è la ragione per cui, durante gli interrogatori, la polizia fa una serie di domande guidate per poter eliminare delle opzioni e arrivare così ad interpretare le reazioni alle singole domande.

Anche per riuscire a fare questo c'è bisogno di pratica. Sfrutta le informazioni che ti verranno fornite per comprendere meglio le espressioni e reazioni altrui e per sapere come individuare gli argomenti che sono in grado di far scaturire una reazione ONESTA da parte dell'interlocutore.

Come riconoscere le menzogne

Perché le persone mentono? Le persone mentono per una serie di ragioni, che possono essere riassunte nei seguenti punti:

- Per cercare attenzioni;
- Per camuffare la loro insicurezza;
- Per raggiungere uno scopo;
- Per nascondere uno sbaglio e non avere ripercussioni (ad esempio sul lavoro, su una relazione, etc.)

I motivi sopraelencati parlano chiaro. Ma allora come puoi notare le menzogne? Questo libro ti aiuterà a riconoscere i bugiardi interpretando il loro linguaggio del corpo.

Altri mezzi che ti permetteranno di individuare le menzogne sono i seguenti:

Incongruenze nella storia

1. **È difficile ricordare una storia inventata**

I dettagli muteranno ogniqualvolta si parlerà dell'argomento. Il bugiardo dimenticherà qualcosa, aggiungerà qualche dettaglio e ometterà qualcosa che aveva detto in precedenza.

2. **Evasione dall'argomento**

La maggior parte delle persone, a causa del senso di colpa, si sente a disagio mentre mente, anche quando lo fa per raggiungere uno scopo.

Qualsiasi cosa relativa all'argomento su cui mente, farà sentire il soggetto a disagio.

Se vuoi capire se l'interlocutore ha detto una menzogna, parla di tutto ciò che è collegato all'argomento su cui credi che abbia mentito. Se cambia il topic o inventa una scusa per porre fine alla conversazione, l'interlocutore probabilmente ha raccontato una bugia.

3. Discorso lento

Il cervello elabora le parole da dire in modo molto più lento quando si mente rispetto a quando si racconta la realtà, e pertanto il discorso risulterà lento. Saranno presenti molte parole superflue come *ehm, ah, sì, eh*. A meno che non si siano preparati un discorso in precedenza, i bugiardi, quando vengono messi sotto pressione, tentennano. E questa è la ragione per cui, durante gli interrogatori, viene utilizzata la tecnica del poliziotto buono e poliziotto cattivo.

4. Ansia

I bugiardi temono di venir scoperti. L'ansia causa una sudorazione eccessiva e molti movimenti superflui, come ad esempio battere spesso le ciglia, mordersi le labbra e irrequietezza generale.

5. Mancanza di sicurezza

A meno che non sia allenato a mentire in ogni circostanza, il soggetto sembrerà meno determinato mentre racconta una menzogna. Il tono della sua voce sarà più basso e tenderà ad evitare il contatto visivo.

Capitolo 2: Stabilire degli standard

Devi essere a conoscenza della "verità" prima di poter rilevare le menzogne, e per farlo devi fissare degli standard.

Per "standard" si intendono le reazioni che ha tipicamente l'individuo quando si trova in delle determinate situazioni.

Questa è la ragione per cui probabilmente, conoscendo i suoi standard, saresti capace di leggere il linguaggio del corpo del tuo migliore amico meglio di un esperto.

Se la persona analizzata è di natura nervosa, ansiosa e vergognosa, un esperto che non conosce i suoi standard potrebbe giudicare i suoi comportamenti come indicatoridi una menzogna.

Come puoi notare, le persone reagiscono in modo differente alla medesima situazione. Per esempio, una persona A, mentre dice la verità, può mantenere una postura dritta e un tono normale.

Allo stesso tempo, una persona B quando dice la verità potrebbe grattarsi il naso. E la maggior parte delle guide sul linguaggio del corpo considerano questo gesto, insieme al mordersi le labbra, un chiaro segnale che il soggetto sta mentendo.

Ma se una persona compie queste azioni consuetamente, non possono essere interpretate ogni volta come indicatori di menzogne. Gli standard di una persona sono le azioni che compie mentre dice la verità.

Chi mente cerca di non comportarsi diversamente dal solito. Tuttavia, controllare qualcosa di inconscio richiede molta pratica, ed è questo ciò che rende facile smascherare un bugiardo.

Bisogna quindi tener presente lo standard: la lettura del linguaggio del corpo si basa su gesti, toni ed espressioni facciali diverse da quelli che ci si aspetterebbe dalla persona in questione.

Pertanto, se la persona A mentre parla si morde le labbra e ha una voce più squillante del solito, c'è una grande probabilità che stia mentendo e che l'argomento del discorso la stia facendo sentire a disagio.

Quando si è a contatto con qualcuno quotidianamente, si prende famigliarità con tutti i suoi standard, pur magari non rendendosene conto.

Questo è il motivo per il quale riesci facilmente a capire se il tuo amico ha qualcosa che non và o se è infastidito.

È comunque possibile fissare uno standard di una persona appena conosciuta, pur non avendo anni di amicizia alle spalle e non riuscendo a interpretare i suoi atteggiamenti inconsciamente. Di seguito troverai alcuni consigli per farlo:

Osserva

La prima impressione è quella che conta. Quando incontri delle persone nuove, osservale.

Stringi la loro mano, salutale e sorridi, a meno che tu non sia un interrogatore e, in tal caso, queste formalità non sono necessarie. Non dimenticare tuttavia di osservare la postura e il loro modo di parlare.

Siedono con le gambe incrociate? Sono soliti stare fermi quando non hanno nulla da fare oppure si muovono spesso e tamburellano con le dita se sono annoiati? Fai attenzione alla velocità e al volume con cui parlano.

Ridono frequentemente e usano molte parole superflue? Stabiliscono un contatto visivo costante o sono soliti evitare di guardare gli interlocutori negli occhi? Sono timidi per natura o sono socievoli ed estroversi?

Prendi nota dei comportamenti che hanno nelle diverse situazioni che capitano. In poche parole, osserva il modo di fare delle persone in modo discreto, ma efficace (senza cadere nello stalking).

Se stai reclutando un aspirante lavoratore, ricorda che non puoi vedere la metà inferiore del suocorpo. Le sue gambe potrebbero essere incrociate o potrebbe giocherellare con le dita per placare la tensione.

Questo è il motivo per cui a volte vengono impiegate due persone per fare un colloquio a un solo candidato: una di queste siede a distanza e osserva l'atteggiamento dell'aspirante lavoratore. Generalmente si impiega dai 10 ai 15 minuti per riuscire ad essere a proprio agio in un ambiente nuovo con persone che non si conoscono.

Fai una domanda di cui conosci la risposta

Per stabilire i loro standard, non serve conoscere le persone da mesi, ma basta fare loro qualche domanda.

Chiedi una conferma sulla loro data di nascita, o magari su quale film hanno visto la sera prima.

Non c'è bisogno di fare domande personali, basta chiedere qualcosa a cui possono rispondere senza ricorrere a delle bugie.

È meglio chiedere qualcosa di cui si conosce già la risposta perché così potrai focalizzarti sui gesti e le espressioni che faranno rispondendoti. Ad ogni modo sei libero di fare domande che susciteranno delle reazioni differenti tra loro.

Chiedi loro qualcosa che li farà mettere sulla difensiva e li porterà ad avere un atteggiamento polemico. Fai delle domande che li portino a spiegare qualcosa, come ad esempio di cosa si occupano a lavoro. Con questa tecnica puoi conoscere i loro standard in breve tempo.

Ricorda che lo standard è la reazione naturale che qualcuno ha in una determinata situazione. Prendi nota del comportamento e del modo di parlare delle persone mentre ti rispondono: sarà il tuo termine di paragone.

Fare delle domande per ottenere uno standard può però arrecare svantaggi. Qualcuno potrebbe giudicarti seccante, soprattutto se il tuo intento è quello di allenarti a leggere il linguaggio del corpo per ottenere dei favori nel mondo del lavoro.

Qualcuno potrebbe già conoscere queste tecniche quindi, bombardarlo di domande, non potrà che essere dannoso.

Rivolgi un complimento o un insulto

Elogiare delle persone è un buon modo per farsi un'idea di come reagiscono quando si sentono compiaciute, così come insultarle ti farà capire come agiscono quando si sentono offese. Ovviamente, insultare qualcuno appena conosciuto non è una buona idea, per cui si preferisce la tecnica dell'elogio.

Nota tuttavia che i complimenti non devono necessariamente essere così lusinghieri; in molti casi anche un solo piccolo complimento è sufficiente per notare il modo in cui qualcuno reagisce agli elogi, e quindi per fissare uno standard.

Arrossisce quando gli viene rivolto un complimento? Forse sorride? In che modo sorride? Come muove gli occhi? Oppure si sente così a disagio da interrompere il contatto visivo dopo il complimento?

Tieni a mente, tuttavia, che ci sono dei casi in cui non è bene complimentarsi con qualcuno. Ad esempio, appena ottenuto il lavoro, complimentarti col capo potrebbe non essere una mossa azzeccata. In questo caso devi solo limitarti ad osservare come reagisce ai complimenti che gli vengono rivolti dagli altri.

Per quanto riguarda gli insulti, invece, alcuni si accontentano di mettere in discussione i credi e le idee degli interlocutori in modo educato e rispettoso. Chi cerca di dare ulteriori spiegazioni sulle sue passioni e i suoi credi tende ad aprirsi, facendo perciò meno attenzione alle espressioni e ai gesti che compie.

Non sottovalutare mai il contesto quando hai intenzione di rivolgere offese per suscitare una reazione da fissare come standard.

Il motivo per cui stai insultando qualcuno, in questo caso, è quello di saltare i mesi di conoscenza, arrivando a conoscere qualcuno e le sue reazioni in poco tempo. Insultare qualcuno a lavoro in un contesto sbagliato, per esempio, può però portarti al licenziamento.

Una cosa da tenere a mente quando si vuole stabilire degli standard è che non devi essere sempre tu a far scaturire una reazione. Alcune volte tutto ciò che devi fare è sederti ed osservare come il soggetto interagisce con gli altri.

Non dover essere l'autore del complimento/insulto ti renderà il lavoro più semplice perché non sarai tu ad esporti.

Si tende a costruire delle barriere quando ci si sente minacciati, pertanto dovrai risultare il più mite possibile per far sì che gli altri si aprano con te, lasciandoti così fissare uno standard.

Quanto tempo occorre?

Quindi quanto tempo occorre esattamente per stabilire degli standard? Se conosci qualcuno da molto, è solo questione di prestare attenzione ai segnali che hai visto per anni.

Ormai dovresti aver capito come reagiscono e si comportano normalmente. Per i nuovi amici e i conoscenti, invece, c'è bisogno di almeno un'ora per avere un'idea del loro linguaggio del corpo.

Il fatto è che le persone impiegano almeno 15 minuti per rilassarsi, ciò significa che dovrai consciamente metterle a proprio agio prima di iniziare ad esaminare il loro linguaggio del corpo.

Non dovrai mostrare secondi fini se vuoi farli rilassare a pieno. Puoi iniziare una conversazione parlando del più e del meno, oppure facendo domande fingendoti confuso.

Sottocategorie del linguaggio del corpo

Non tutti mostrano le emozioni in modo molto evidente.

Ricorda che ognuno ha degli standard diversi. Nella maggior parte dei casi, le differenze sono molto piccole, quindi devi prestare molta attenzione ai dettagli prima di compararli al tuo standard.

Qui troverai una panoramica sulle sottocategorie del linguaggio del corpo. In seguito, queste parti del corpo verranno analizzate in modo più dettagliato:

- Occhi – presta attenzione al contatto visivo. Questo è spesso suddiviso in tre sottocategorie: c'è chi guarda costantemente negli occhi, chi son guarda mai negli occhi e chi invece guarda negli occhi solo per brevi periodi di tempo. Mentre si pensa, è normale spostare lo sguardo. Questi movimenti degli occhi ti permetteranno di capire se la persona sta cercando di riportare alla mente un'immagine, un suono, o se sta inventando qualcosa. Più dell'80% delle persone interrompe il contatto visivo quando mente.Qualcuno però, mentre racconta una bugia, continua a guardare negli occhi per vedere se l'interlocutore crede alle sue parole. Tieni inoltre conto delle differenze tra le varie culture: in alcune, il contatto visivo è considerato un gesto maleducato, soprattutto se rivolto verso qualcuno più anziano o saggio.

- Tono della voce – I tuoi interlocutori parlano velocemente o lentamente? Ad alto o basso volume? Presta attenzione in particolar modo ai cambiamenti della voce che avvengono nel corso della conversazione. Come detto prima, mentendo si ha un tono meno determinato. L'aumento della tensione che si prova mentre si mente provoca cambiamenti, discreti o evidenti, nella voce. Le persone sicure di sé potrebbero improvvisamente iniziare a balbettare perché il loro cervello è occupato a inventare una bugia credibile. Sebbene il tono della voce non faccia parte del linguaggio del corpo in senso stretto, ti sarà utile per capire meglio le persone.

- Aspetto generale – Il linguaggio del corpo studia in particolar modo il movimento delle mani, dei piedi, della testa e della postura. Potrai notare che, mentre si mente, il linguaggio del corpo mostra delle incongruenze. Sarà sorprendente scoprire quanto i piedi siano in grado di rivelare di una persona, soprattutto se è seduta. L'inclinazione della testa, l'angolazione che le mani assumono durante una stretta, e persino l'altezza delle spalle possono svelare più di quanto si pensa.

- Postura e distanza– la persona in questione ha una postura aperta o sembra che si stia chiudendo in se stessa? La postura può mettere molti dubbi all'inizio perché mentre, ad esempio, alcuni all'inizio incrociano le braccia per timidezza, altri lo fanno per "conservare" il proprio potere. È per questo che è importante osservare le persone mentre si trovano a loro agio. Non va sottovalutata nemmeno la distanza che intercorre tra gli interlocutori. La persona in questione sta cercando di invadere il tuo spazio personale o sta cercando di starti il più lontano possibile? È stato stabilito che solitamente lo spazio che intercorre tra due parlanti è di 60 centimetri. Non dimenticare, tuttavia, che in alcune culture è normale per due sconosciuti parlare a una distanza inferiore a 60 centimetri. Gli amici stretti e le coppie tendono ad avere un contatto fisico maggiore.

Nei prossimi capitoli, parleremo del linguaggio del corpo più nel dettaglio, ma prima assicurati di aver già fissato i tuoi standard!

Capitolo 3: espressioni facciali

Leggere le espressioni facciali è piuttosto facile se il soggetto non cerca di nasconderle.

Gli occhi, la bocca e le sopracciglia possono muoversi fino a formare dei gesti molto semplici da riconoscere ma, come detto prima, la maggior parte delle persone sono brave a non far trapelare le loro emozioni dalla faccia.

Dovrai prestare particolare attenzione alle "microespressioni". Riepilogando, le microespressioni sono cambiamenti molto piccoli, e spesso brevi, dell'espressione facciale, che rivelano ciò che il soggetto sta realmente pensando o provando.

Lemicroespressioni sono riflessi involontari che si presentano quando qualcuno sta cercando di nascondere qualcosa o non sa esattamente cosa sta provando.

Le microespressioni, essendo completamente involontarie, sono la tua migliore occasione per riconoscere le menzogne di una persona abituata a mentire.

Gli umani hanno circa 21 espressioni facciali specifiche e 6 universali e, andando avanti, imparerai a riconoscerle tutte.

A differenza delle microespressioni, le espressioni facciali possono essere suddivise in tre sottocategorie:

1. Complete

Le espressioni facciali complete si presentano quando qualcuno manifesta le proprie reali emozioni, senza alcun tentativo di camuffarle o nasconderle.

2. Soffocate o mascherate

Questo tipo di espressioni facciali si possono vedere quando qualcuno cerca di nascondere le proprie emozioni trattenendosi dal farle trapelare dal viso, o cercando di fare un'altra espressione facciale, fingendo così un'altra emozione.

3. Sottili

Le espressioni facciali sottili si verificano quando qualcuno cerca di nascondere le espressioni facciali, e quindi le emozioni, ma invano. Potrebbero anche indicare l'inizio o la fine di un'espressione facciale.

In seguito troverai le emozioni più comuni e le microespressioni che solitamente ne derivano:

Sorpresa

La sorpresa è la reazione a qualsiasi evento inaspettato. Può essere positiva, negativa, o entrambe allo stesso tempo (shock, stupore) in base al contesto.

Se si è consapevoli di ciò che sta per accadere, non si è sorpresi. La sorpresa è infatti una reazione che mira ad aumentare la concentrazione.

- Fai attenzione alle sopracciglia: si alzeranno leggermente e verranno inarcate, mostrando così l'emozione
- Gliocchiverrannosgranati
- Dovresti riuscire a notare le rughe orizzontali che si formeranno sulla fronte
- Con la sorpresa, la pelle subito sotto le sopracciglia verrà leggermente tirata

- La mascella si abbassa, allontanando l'arcata dentale inferiore da quella superiore. Nonostante ciò, la bocca non si allunga né si stringe.
- La sorpresa può presentarsi anche insieme ad altre emozioni. Sia la paura che la felicità possono suscitare sorpresa, ma le espressioni facciali che ne scaturiscono saranno sicuramente diverse. Come sempre, tieni a mente il contesto. Perché la persona è sorpresa? Che tipo di sorpresa sta provando?

Disgusto

Il disgusto viene causato da una sensazione di repulsione in qualsiasi campo o da una disapprovazione verso qualcosa considerato immorale.

Questa emozione è utile ad allontanare la persona da qualsiasi cosa venga considerata dannosa, volgare e offensiva. Il disgusto, se provato nei confronti di un'altra persona, conduce all'apatia.

- Il nasosiarriccia;

- Il labbro superioresi solleva;
- Sotto le palpebre si creano delle pieghe;
- Le guance si sollevano, andando così a formare le zampe di gallina alle estremità degli occhi;
- Immagina di percepire un cattivo odore: questa sarà esattamente l'espressione facciale che assumerai.

Disprezzo

Per "disprezzo" si intende la sensazione di superiorità nei confronti di qualcun altro o quella di disapprovazione verso una persona o un'azione.

Capita di mostrare disprezzo anche quando ci si sente sconfitti o umiliati, nel tentativo di innalzare il proprio status. Il disprezzo è un'emozione positiva per la persona che lo prova in quanto, essendo esso il contrario della compassione, si sentirà subito superiore nei confronti di qualcun altro

- Un angolo della bocca si solleva;

- Il mento potrebbe alzarsi per permettere alla persona di guardare l'interlocutore dall'alto al basso;
- Viene lanciata una rapida occhiataccia verso qualcuno o qualcosa;
- La testa si inclina all'indietro, verso la sinistra o la destra.
- Può essere captato un sorriso sinistro.

Sentirsi in difficoltà

Ci si sente in difficoltà quando si è davanti ad una situazione complicata da cui non si riesce ad uscire, pur non volendosi arrendere. Sentendosi in difficoltà, si proverà dolore sia fisico che psicologico.

- La mascella viene serrata;
- Le labbra si chiudono con forza;
- Successivamente le mani potrebbero andare a toccare o colpire la fronte, manifestando che la persona sta pensando a come risolvere il problema.

Vergogna

Si prova vergogna quando ci si sente impotenti e incompetenti. Le cause sono una sensazione di inferiorità e di pentimento verso qualcosa fatto in precedenza. È un sentirsi non all'altezza dei propri standard. La vergogna potrebbe tuttavia motivare chi la prova a migliorarsi. La vergogna è il contrario dell'orgoglio.

- Chi prova vergogna evita il contatto visivo;
- La testa si inclina in avanti;
- La faccia potrebbe venir coperta dalle mani o le dita potrebbero andare a posizionarsi sotto le sopracciglia;
- Le labbra vengono leggermente, o fortemente, serrate.

Senso di colpa

Il senso di colpa è collegato alla vergogna, ma presentano molte differenze. Ci si sente in colpa quando le proprie cattive azioni hanno fatto del male a qualcuno o sono venute a galla. Mentre la vergogna è un sentimento strettamente personale, il senso di colpa no.

Il senso di colpa deriva dalla paura che gli altri possano avere brutte opinioni sulla persona in questione a causa delle azioni che ha compiuto, e non semplicemente per il suo modo di essere. Si prova empatia verso la persona che è stata ferita o di cui ci si approfitta, ma non si fa nulla per migliorare la situazione.

- Chi si sente in colpa guarda in basso perché ha perso la sicurezza e l'assertività;
- La maggior parte delle persone tende ad evitare il contatto visivo, soprattutto in presenza di sconosciuti che sono al corrente degli sbagli che ha commesso;
- Come nella vergogna, gli angoli interni delle sopracciglia si inarcano verso l'alto, andando a formare un'espressione di sottomissione e paura;
- Le labbravengono serrate.

Angoscia

L'angoscia è causata da un forte dolore (fisico o psicologico) combinato con l'ansia. L'angoscia è difficile da nascondere.

Le persone con tendenze narcisistiche provano angoscia (sottoforma di estrema gelosia, odio, ira, etc) più frequentemente.

Gli investigatori privati tengono spesso d'occhio le persone che mostrano angoscia derivatadall'odio in quando la maggior parte dei criminali commette reati solo dopo aver mascherato il dolore molto a lungo.

- Dagli occhi potrebbero uscire delle lacrime;
- Le labbra sono leggermente incurvate verso il basso:
- Se il dispiacere è estremo, la bocca potrebbe essere leggermente aperta, ma con la mascella rilassata;
- Se sista provando dolore, il labbro superiore e le guance si sollevano, mentre gli angoli interni delle sopracciglia si inarcano verso l'alto.
- Potrebbero formarsi delle rughe tra le sopracciglia

Paura

- Le sopracciglia vengono sollevate contemporaneamente, formando una linea dritta;
- A differenza della palpebra inferiore, che rimane tesa, quella superiore si alza, facendo spalancare gli occhi;
- Delle rughe appariranno sulla fronte, solitamente tra le sopracciglia;
- Le labbra si irrigidiranno, mentre la bocca si aprirà leggermente. Gli angoli della bocca si allungano orizzontalmente.

Sollievo

Ci si sente sollevati quando si ha la conferma che qualcosa che si teme non accadrà oppure quando cessa una situazione spiacevole. Chi si sente sollevato è rilassato e felice.

- Gli angoli esterni delle sopracciglia potrebbero inarcarsi verso l'alto;
- I muscoli della faccia si rilassano;

- Le labbra si rilassano e si separano leggermente. Alcune persone fanno un sorriso;
- Alcune persone sospirano. Le spalle si rilassano e si raddrizzano.

Felicità

Si può essere felici per svariati motivi. Magari ci si aspetta un guadagno, oppure qualcosa di bello è appena successo.

La felicità è strettamente collegata alla gratificazione, ossia la soddisfazione percepita dal raggiungimento dei propri obiettivi.

Sorridendo di felicità, si mostrerà un sorriso di Duchenne (che verrà analizzato nel seguente elenco puntato).

Il sorriso Pan American invece, a differenza di quello di Duchenne, non coinvolge gli occhi. Non si formano quindi le rughe attorno di essi, sebbene le palpebre inferiori siano sollevate.

- Le guance si sollevano creando due rughe che vanno dal naso agli angoli della bocca;

- Gli angoli della bocca si allungano verso l'alto, formando un arco;
- A volte la bocca si apre, lasciando vedere i denti. Alcuni tuttavia mostrano la loro felicità semplicemente inarcando leggermente la bocca, mentre la maggior parte delle persone, quando è felice, ride o ridacchia;
- Si formano le zampe di gallina ai lati degli occhi;
- Gliocchibrillano;
- La palpebra inferiore può tendersi o formare delle rughe d'espressione;
- *Come puoi notare, quando si fa un sorriso falso, i muscoli agli ai lati degli occhi solitamente non si muovono.*

Tristezza

Ci si sente tristi quando si perde, o si prevede di perdere, qualcosa di valore, o quando accade qualcosa di spiacevole.

Un'estrema tristezza può essere descritta come un mix tratormento, angoscia, sofferenza e dispiacere. Problemi di salute, nelle relazioni ed insicurezza economica non fanno che aumentare la tristezza.

Chi si sente triste tende a rimpiangere, sottovalutare, sostituire e negare ciò che ha perso. Dopo aver gradualmente imparato ad accettare la perdita, inevitabilmente darà la colpa della perdita a qualcosa o qualcuno. La tristezza, se non superata, può condurre all'odio, alla vergogna e alla vendetta.

- Gli occhi, e specialmente le palpebre superiori, pendono verso il basso;
- Gli angoli interni delle sopracciglia sono inarcati verso l'alto;
- Non si rivolgono sguardi attenti;
- Le labbra sono leggermente rilassate e gli angoli rivolti all'ingiù.

Invidia

Si prova invidia quando si desidera qualcosa che appartiene a qualcun altro. Si può essere invidiosi di un bene materiale o di uno status. Chi prova questa emozione non è felice quando capita qualcosa di bello a un'altra persona perché pensa che ciò sarebbe potuto, e dovuto, capitare a lui. L'invidia è sempre collegata all'egoismo e all'egocentrismo, e non può essere smorzata: finché ci sarà qualcosa di migliore e di più grande, l'invidioso lo vorrà.

- Gli occhi sono fissi verso l'oggetto dell'invidia. Di solito si guarda di sottecchi per nascondere l'ammirazione provata per la persona, o il desiderio verso la cosa;
- La testa è inclinata in avanti;
- Le labbra a volte formano un sorrisetto;
- Quando gli invidiosi fingono un sorriso, non sono le labbra che, muovendosi, creano le rughe attorno agli occhi, ma le guance che, sollevate come a formare un sorriso, fanno corrugare gli occhi.

Rabbia

Ci si arrabbia quando si sente che qualcosa deve cambiare immediatamente. Si è arrabbiati quando si crede che sia accaduto qualcosa di ingiusto o si ha perso qualcosa e si pretende una reazione istantanea.

Se non controllata, la rabbia può portare alla vendetta e alla violenza, che a sua volta produce rabbia in altre persone.

A differenza della vendetta, la rabbia può essere espressa in modo passivo, tenendo il broncio, o attivo, indignandosi.

- Tra le sopracciglia si creano delle rughe verticali;
- Le sopracciglia si contraggono, abbassandosi leggermente, e la palpebra inferiore si irrigidisce;
- Le narici si dilatano e la mascella si protende verso l'esterno;
- Gli occhi sporgono e lo sguardo è severo;
- Le labbra sono spesso contratte e creano una linea dritta. Alcuni tengono invece la bocca aperta a forma di quadrato, soprattutto quando parlano.

Frustrazione

La frustrazione è una rabbia per qualcosa che non si può cambiare.Chi si sente frustrato potrebbe fare espressioni di disprezzo o disgusto.

- Gli angoli interni delle sopracciglia sono inarcati verso l'alto, come quando si è accigliati. Tuttavia, quando la rabbia è più forte del tormento, gli angoli si abbassano e si contraggono;
- Gli occhi potrebbero essere fissi verso l'oggetto della frustrazione;
- I muscoli facciali sono tesi, ma la tensione si concentra soprattutto nei muscoli degli occhi e delle sopracciglia; risultato questo del tentativo del cervello di trovare una soluzione;
- La bocca a volte si storce, mentre le labbra si distanziano;
- Se ci si sente schiacciati dalla frustrazione, per evitarlo si potrebbero fare dei respiri profondi.

Stress

Lo stress non è un'emozione a tutti gli effetti, ma sarà utile esaminarlo per poterlo così differenziare dalla frustrazione o dal sentirsi in difficolta. Ci si sente sotto stress quando si hanno troppe cose a cui pensare e ci si sente sotto pressione sia nelle relazioni che nel lavoro. Chi è stressato cerca di trovare delle soluzioni per i suoi problemi.

- Le sopracciglia premono verso le palpebre superiori;

- Gli angoli esterni degli occhi sono cadenti. Si formano delle ombre sotto gli occhi a causa della ritenzione idrica che si crea;

- Il labbro superiore potrebbe essere alzato e la bocca essere leggermente aperta (ma le labbra non sono distese)

- Gli angoli della bocca sono leggermente incurvati verso il basso.

Prima di finire questo capitolo è bene far presente che le espressioni facciali, soprattutto nelle donne, potrebbero venir nascoste dai capelli.

Presta molta attenzione a chi cerca di nascondersi dietro una frangia o toccandosi continuamente i capelli. Questi gesti potrebbero infatti indicare uno stato di tensione.

Inoltre, non è da sottovalutare il fatto che chi si è sottoposto a delle iniezioni di botulino non ha a disposizione il completo range di espressioni facciali a causa della paralisi dei muscoli. A ricorrere al botulino non sono solo coloro che non vogliono mostrare i segni della vecchiaia, ma anche chi ha problemi nervosi che portano alla contrazione involontaria dei muscoli.

Capitolo 4: Movimenti degli occhi o delle mani
Significati dei Movimenti degli Occhi

I movimenti degli occhi sono un argomento fondamentale della NPL (Programmazione Neurolinguistica). Gli studi hanno dimostrato che, a seconda di dove si guarda, si fa ricorso a una diversa parte della memoria.

In seguito troverai dei movimenti degli occhi a cui prestare attenzione quando vuoi decifrare ciò che qualcuno sta pensando:

Guardare Dritto negli Occhi

Quando gli occhi dell'interlocutore sono fissi su di te, significa che sta passivamente assorbendo le informazioni che gli fornisci. La concentrazione è alta, e molti considerano questo gesto come un segnale della sicurezza di chi lo compie.

Quando parli con qualcuno che ti guarda dritto negli occhi, è probabile che stia raccontare la verità e che sia completamente certo di ciò che sta dicendo. Tuttavia, come detto prima, alcune persone, quando mentono guardano negli occhi per capire come l'interlocutore stia reagendo alla bugia.

Sbattere le palpebre

Secondo gli studi, mentre si pensa a qualcosa si sbatte le palpebre meno frequentemente. E mentire implica un attento ragionamento.

È quindi logico pensare che mentendo non si sbatte le palpebre tante volte quante lo si fa mentre si dice la verità. Nota, però, che sbattere le palpebre eccessivamente è un segnale di nervosismo o tensione.

Rivolgere lo Sguardoin Alto a Destra– Creazione Visiva

È bene precisare che quando si parla di destra, si intende la destra del parlante, e non dell'ascoltatore.

Rivolgere lo sguardo verso destra significa che sista facendo appello all'emisfero destro del cervello, che contiene le immagini ed è responsabile del processo creativo. Rivolgere lo sguardo in alto a destra significa pertanto che il parlante sta ricorrendo alla creatività per poter rispondere.

Quando si guarda in alto a destra, gli angoli interni delle sopracciglia si inarcano leggermente verso l'alto.

Noterai che questa è una microespressione che si associa alla paura dato che i bugiardi inesperti hanno un leggero timore di venir scoperti.

Quindi, immagina di aver chiesto a qualcuno di pensare ad un coccodrillo rosa. Il suo sguardo sarà probabilmente rivolto in alto a destra perché, dato che i coccodrilli rosa non esistono, la persona dovrà creare un'immagine nella sua mente.

Rivolgere lo Sguardo in Alto a Sinistra– Ricordi Visivi

Ovviamente, se guardare verso destra è indice che il parlante stia raccontando una frottola, guardare verso sinistra è un segnale che sta dicendo la verità.

Quindi cosa rende questo sguardo diverso dal guardare dritto negli occhi? Fondamentalmente, rivolgendo lo sguardo verso sinistra, il parlante sta accedendo all'emisfero sinistro del cervello, responsabile per la memoria.

Quando il parlante guarda verso sinistra sta cercando di ricordare qualcosa, forse la risposta alla domanda che hai appena posto. Si tratta di una reazione genuina, che indica che il parlante sta dicendo la verità.

Rivolgere lo Sguardo verso Destra - Costruzione uditiva

Così come uno sguardo rivolto verso l'alto a destra è un indicatore che il parlante sta mentendo, anche guardare verso destra, senza abbassare o sollevare gli occhi, indica che il parlante sta raccontando una bugia. L'unica differenza è che, invece che un'immagine, sta richiamando alla mente un suono.

Per esempio, se chiedi a qualcuno cosa hanno detto i suoi genitori riguardo qualcosa e questo guarda verso destra, è un segnale che la sua mente sta inventando un suono che possa fungere da risposta.

Rivolgere lo Sguardo verso Sinistra – Ricordo uditivo

Guardare verso sinistra, senza alzare né abbassare gli occhi, è un segnale di ricordo uditivo. Come quando si cerca di ricordare una canzone che si ha appena ascoltatoo quando si ascolta la musica cercando di canticchiare il ritornello.

Rivolgere lo Sguardo in Basso a Sinistra - Sensazioni

Cosa succede quando ci si ricorda di un sapore, di un contatto fisico o un odore? In questi casi le pupille si spostano in basso a sinistra. Domande come "che sapore aveva?" susciteranno questo tipo di reazione, se il parlante decide di essere sincero.

Rivolgere lo Sguardo in Basso a Destra – Connessione

Infine, non si deve dimenticare lo sguardo rivolto in basso a destra, che fondamentalmente è indice di pensieri profondi. Le pupille si muovono in questo modo quando si sta avendo un dialogo interiore o quando si entra realmente in contatto con se stessi.

***Nota che le direzioni (sinistra e destra) che vengono esaminate sopra, sono riferite a chi scrive con la mano destra. Per i mancini è l'inverso.

Al giorno d'oggi le ricerche hanno dimostrato che i movimenti degli occhi non sono segnali così attendibili che il parlante sta mentendo, come si credeva in passato. Ciò non significa, comunque, che non siano da tenere in considerazione.

Ciò che devi fare per riconoscere le menzogne è prendere coscienza di queste regole e metterle in relazione alle altre, senza dimenticarti degli standard!

Non essere troppo rigido/a quando cerchi di scoprire una bugia. Ricorda che non c'è niente di meglio che ascoltare il proprio inconscio per captare i segnali!

Movimenti delle mani.

In seguito vanno poi esaminati i movimenti delle mani. Sono generalmente più facili da notare rispetto alle microespressioni o ai movimenti degli occhi in quanto sono spesso meno discreti.

Il motivo per cui i movimenti delle mani sono così importanti però, è che sono in grado di indicare i reali intenti della persona che li compie. Mentre le espressioni facciali sono più facilmente camuffabili, le mani lasciano spesso trapelare la verità.

La maggior parte delle persone non è consapevole del fatto che i movimenti delle loro mani possano dire più di quanto si possa fare con le parole.

È normale gesticolare mentre si parla. Coloro che mentono tendono spesso a eliminare i movimenti delle mani. In seguito troverai dei segnali che indicano che l'altra persona potrebbe non essere sincera:

Toccarsi la bocca

Si tratta di un gesto che viene spesso compiuto mentre si mente. Toccarsi la bocca può però significare che si sta avendo pensieri profondi, e ciò diventa una certezza se il gesto viene accompagnato dallo sguardo rivolto in basso a destra.

Ci si tocca inconsciamente la bocca con la mano anche quando si crede che l'interlocutore stia mentendo, come a voler bloccare, o filtrare, le sue parole.

Stringersi le mani

È tipicamente visto come un gesto di autoconforto, che dimostra lo stress o il nervosismo dell'individuo.

Quando qualcuno mente, e si sente a disagio facendolo, potrebbe compiere questo gesto per rassicurarsi.

Grattarsi

Grattarsi è quasi sempre un segnale di disagio. È piuttosto comune grattarsi il naso o il collo mentre si mente.

Nel naso ci sono delle terminazioni nervose che, quando si dice una bugia, inevitabilmente provocano prurito, e se si prova a non compiere il gesto, il naso potrebbe iniziare a sudare.

Infilare le mani in tasca

È un segno che il parlante sta nascondendo qualcosa. Chi si scosta dal proprio standard per assumere questa posizione, è nervoso e non vuole essere scoperto.

Gesticolare

Chi è solito mentire tende a gesticolare più spesso, come se dovesse usare i gesti per dare più credibilità a ciò che dice.

Tra i movimenti delle mani che potrebbero rivelare come davvero si sente l'interlocutore si contano i seguenti:

- Sfregarsi le mani – segnale di aspettative;

- Mani tese con il palmo rivolto all'insù – segnale di apertura;

- Mani tese con il palmo rivolto all'ingiù – segnale di sicurezza;

- Pugni chiusi – segnale di prontezza, risolutezza, rabbia;

- Mani sul cuore – segnale di sincerità, ma non sempre: chi mette la mano sul cuore sta semplicemente dicendo "voglio che tu mi creda";

- Dito puntato – segnale di aggressività e autorevolezza. Gesto spesso compiuto dai genitori mentre sgridano i figli;
- Mano che taglia l'aria – segnale dell'enfasi che si ripone in una determinata parola o argomento;
- Poggiare le mani (in particolar modo sul tavolo) con le dita e i palmi rivolti all'ingiù – segnale che è stata presa una decisione irrevocabile. Chi compie questo gesto non accetta polemiche o consigli.

Capitolo 5: Voce e Corpo
Scoprire le Menzogne attraverso la Voce e il Modo di Parlare

Ricorda che ognuno ha un tono di voce diverso, che va tenuto in considerazione quando si fissano gli standard e, una volta fatto, si deve stare attenti a qualsiasi cambiamento perché potrebbe essere indice di menzogne o cose non dette.

Tono della Voce

Gli studiosi consigliano di non abbassare la guardia quando si nota un cambiamento nel tono della voce, perché può segnalare una bugia. Chi mente potrebbe avere il suo tono standard più alto, o più basso, di un'ottava.

Un tono di voce basso potrebbe indicare la vergogna che la persona prova nel raccontare la frottola, mentre un tono di voce alto potrebbe indicare che, nel mentire, sta sulla difensiva.

Grandi respiri

I bugiardi inesperti potrebbero farsi forza facendo un grande respiro prima di rispondere. La frequenza respiratoria potrebbe poi aumentare, o diminuire, per cercare di attenuare il nervosismo.

Leccarsi le labbra

Mentire può far scaturire un forte stress a chi non è abituato a farlo, e ciò porta a seccare le labbra, quindi di conseguenza al bisogno di bagnarle con la lingua.

Eccessiva disinvoltura

In alcuni casi, i bugiardi agiscono in modo molto disinvolto. Potrebbero sbadigliare, guardarsi le unghie o fare qualsiasi cosa che dia l'impressione che tutto sia normale.

Se la persona in questione solitamente non si comporta così, allora questo suo cambiamento potrebbe essere indice di una menzogna.

Esitazioni e pause

Sebbene siano anche segnali di ansia e nervosismo, le esitazioni e le pause indicano soprattutto menzogne e invenzioni. Chi mente non ha le idee ben chiare o cerca di inventarsi qualcosa di plausibile, e ciò porta il discorso a riempirsi di pause e parole superflue come "ehm" e "mmm".

Cambio di Argomento

I bugiardi preferiscono terminare velocemente la conversazione. Se pensi che la persona con cui stai parlando stia mentendo, cambia argomento senza preavviso.

La maggior parte dei bugiardi non si opporrà al cambiamento, ed alcuni ne saranno persino felici.

Chi è sincero, invece, sarà un po' confuso dal repentino cambio di argomento, ed alcuni potrebbero anche chiedertene la ragione.

Scelta delle Parole

Inconsciamente, chi mente tende a prendere le distanze dalla storia che sta raccontando, come se stesse guardando un film invece che compiere movimenti veri e propri.

Si può notare che nel racconto spariscono improvvisamente gli "io" e "me". Ovviamente ciò và rapportato agli standard fissati in precedenza.

Presta attenzione a ciò che viene detto. Chi mente potrebbe spesso cambiare i pronomi avendo difficoltà a seguire la sua stessa storia

Fai domande

Essendo consapevole che i bugiardi tendono a perdere il filo del discorso quando inventano delle frottole, sarà facile scoprirli semplicemente facendo ulteriori domande riguardo ciò che stanno dicendo.

Si tratta di una tecnica molto comune soprattutto tra le forze dell'ordine quando vogliono spingere qualcuno a confessare la verità.

Uno dei modi migliori per far sì che un bugiardo dica la verità è quello di chiedergli di raccontare la storia all'indietro, ma ovviamente dovrai farlo in modo molto discreto.

Per esempio: e quindi l'urlo ti ha fatto trasalire?

La maggior parte delle persone memorizzai fatti in ordine. Chi ricorda esattamente un evento non ha problemi a ritornare indietro su dei determinati punti, mentre invece chi ha inventato la storia avrà problemi a farlo. Puoi anche chiedere di farti raccontare l'accaduto nuovamente, ma all'indietro.

Quando ci si esercita prima di raccontare una balla, lo si fa solo in ordine progressivo. È così che potrai scoprire i bugiardi: avranno problemi a narrare senza seguire la loro scaletta.

Fai Attenzione alle loro Risposte

I bugiardi si trovano in difficoltà quando devono riempire dei buchi, motivo per il quale spesso ripetono l'ultima parte della domanda. Adesempio:

- D: Hai mangiato tutto il gelato?
- R: No, non ho mangiato tutto il gelato

Presta anche attenzione alle risposte più lunghe del dovuto. Le risposte brevi sono più immediate, quindi più naturali e veritiere:

D: Hai mangiato tutto il gelato?

R: No (verità)

R: No, non l'ho fatto (menzogna)

Sarcasmo

Alcuni bugiardi cercano di non rispondere alla domanda in modo diretto, spesso ricorrendo al sarcasmo nel tentativo di distrarti dalla realtà.

Chi usa il sarcasmo, piuttosto che dare una risposta diretta, è solito preferire risposte evasive.

Linguaggio del corpo – Gli Indicatori di Menzogne più Comuni

Silenzio

Mentire implica delle conseguenze, soprattutto a livello mentale. Questa è la ragione per cui chi mente potrebbe diventare molto silenzioso, come se dovesse concentrare tutte le proprie energie nell'inventare una balla.

Distanza

Allontanarsi dall'interlocutore potrebbe essere un segnale di menzogna, ma non è sempre ovvio.

Nella maggior parte dei casi, l'interlocutore non farà altro che inclinare leggermente il busto all'indietro, o magari sposterà i piedi in modo che non puntino verso la tua direzione. Se invece l'interlocutore si allontana da te facendo un passo deciso, è molto probabile che stia mentendo.

Contrazioni

Si può contrarre qualsiasi parte del corpo, ma generalmente a venir contratti sono i piedi e le mani. È un gesto che indica il tentativo di mantenere il controllo sulla rabbia, sulla tristezza, o qualsiasi forte emozione che sta provando la persona.

Mentre si mente, le contrazioni dimostrano spesso la volontà del parlante di mantenere il controllo. Spesso ad accompagnare le menzogne c'è anche una sudorazione eccessiva e insolita in quanto il bugiardo, temendo di venir scoperto, si innervosisce.

Parte Inferiore del Corpo

Chi mente tende a spostare i piedi lontano da chi lo accusa.

Tuttavia, ciò non sempre è possibile, quindi fai attenzione ai piedi. La parte inferiore del corpo è leggermente roteata in una direzione diversa dalla tua?

Ciò indica che l'interlocutore vuole terminare la conversazione e non si trova a proprio agio, magari perché sta mentendo.

Perché alcuni segnali, che sono opposti tra loro, vengono ugualmente considerati indicatori di menzogne?

Probabilmente ti starai chiedendo perché sia l'irrequietezza che l'eccessiva calma siano entrambi indicatori di menzogne. Non è una contraddizione? Hai completamente ragione!

È la ragione per cui questo libro sottolinea l'importanza di stabilire uno standard prima di fare qualsiasi altra cosa. Fare dei paragoni è essenziale.

Che fa la persona in questione quando è sincera? Se quando risponde è solita stare ferma e una volta inizia ad essere irrequieta c'è una grande probabilità che stia mentendo.

L'analisi del linguaggio del corpo e dei possibili segnali che aiutino a smascherare le menzogne è principalmente un processo in cui vengono eliminate delle ipotesi, ragione per cui quasi sempre è più semplice leggere il linguaggio del corpo dei propri cari.

E per le bugie ben architettate?

Come puoi notare, la maggior parte dei segnali che vengono presentati in questo libro si riferiscono alle menzogne inventate sul momento o subito prima, senza che il bugiardo abbia avuto la possibilità di allenarsi a dirle.

Coloro che hanno pianificato di mentire in precedenza potrebbero essere più difficili da smascherare: le esitazioni, le pause e i movimenti degli occhi potrebbero scomparire.

Non ti preoccupare però, se *conosci bene la persona,* c'è una buona probabilità che tu riesca comunque ad individuare qualche movimento fuori dai suoi standard.

Le bugie ben architettate, o che si èabituati a dire, potrebbero essere difficili da scoprire, ma se hai dei sospetti puoi fare delle domande per verificare se l'interlocutore conferma ciò che ha appena detto.

Mostra che ciò che ha detto non ti risulta chiaro: solo così ti avvicinerai alla verità.

Esercizi pratici

Prova ad entrare in un bar e siediti osservando le persone. Non ha importanza ciò che dicono, ma presta attenzione ai movimenti che fanno, e prova ad immaginare ciò che stanno pensando o provando.

Ovviamente non hai a disposizione i loro standard, però è un esercizio molto semplice che ti permetterà di fare pratica, migliorando la tua abilità nel riconoscere i movimenti.

Come potrai notare, la maggior parte dei movimenti sono rapidi e discreti, e possono facilmente passare inosservati.

Una volta che sarai ben allenato a captare tutti questi movimenti, sarà giunta l'ora di metterti alla prova ed iniziare ad interpretare il linguaggio del corpo di chi credi ti stia mentendo.

Conclusione

Quando cerchi di leggere il linguaggio del corpo di qualcuno è molto importante non lasciargli MAI capire ciò che stai facendo. Diresti mai alla persona contro cui stai giocando a pokercome fai a smascherarla quando bleffa? Ovvio che no!

Allo stesso modo non dovresti mai dire agli altri come hai fatto a scoprire le menzogne di qualcuno. Sebbene le microespressioni siano involontarie, con un po' di pratica, i movimenti delle mani e dei piedi e il tono della voce possono essere controllati facilmente.

Parte 2

Introduzione

Grazie per aver scaricato questo libro.

Al suo interno si trovano informazioni pratiche su come influenzare, attrarre e stabilire connessioni con le persone senza parlare, utilizzando abilità di comunicazione non verbale per il business e gli imprenditori.

L'arte della comunicazione è qualcosa che la maggior parte di noi impara crescendo; purtroppo però, solo alcuni tengono conto dell'aspetto non verbale della comunicazione. Gran parte di noi, infatti, si concentra sulla comunicazione verbale, ovvero su come utilizziamo le parole nelle conversazioni e nelle interazioni quotidiane.

Il linguaggio del corpo è un aspetto fondamentale della comunicazione non verbale ed è importante quanto (se non più) della comunicazione verbale.

Fare errori nell'uso del linguaggio del corpo comporta che molti continueranno a fraintendere le nostre vere intenzioni nel parlare, perché le nostre parole possono risultare incoerenti con il nostro non verbale.

È per questo che politici, manager, oratori e persone di successo imparano come sfruttare il linguaggio del corpo. Se un politico usa il linguaggio non verbale in modo sbagliato, questo può costargli la carriera o l'appoggio dei suoi sostenitori.

Un uomo d'affari incapace di usare correttamente il linguaggio del corpo avrà scarsi risultati nelle trattative e difficilmente un giovane professionista che cerchi di farsi strada nel suo lavoro saprà eccellere nei colloqui di selezione.

Imparare a usare questo linguaggio per comunicare è un'abilità molto importante, che ci aiuta a costruire e mantenere relazioni durature. Grazie al linguaggio non verbale avremo più impatto nel comunicare e diventeremo migliori negoziatori, caratteristiche essenziali per avere successo negli affari.

Tutto questo dimostra che il linguaggio del corpo è davvero importante.

Questa guida approfondita ti insegnerà come usare il linguaggio del tuo corpo per comunicare efficacemente, facendo in modo di trasmettere le tue vere intenzioni ogni volta che comunicherai.

Grazie ancora per aver scaricato questo libro, spero che ti piacerà!

Capire il linguaggio del corpo

Una mattina di settembre del 1960, Richard M. Nixon e John F. Kennedy si incontraronoper il primo round del dibattito tra candidati alle elezioni, parte della loro campagna per le presidenziali.

Poiché era già stato due volte vicepresidente, Richard M. Nixon era un personaggio popolare sulla scena politica. In confronto, Kennedy partiva con un leggero svantaggio perché la sua faccia era piuttosto sconosciuta.

Nixon, che prima del dibattito aveva trascorso del tempo ricoverato in ospedale, si presentò un po' sottopeso, malaticcio e pallido (aveva rifiutato il trucco prima dell'intervista) mentre Kennedy appariva calmo e sicuro, sfoggiando radioso una pelle sana e abbronzata.

Durante il suo discorso, Nixon continuava ad asciugarsi il sudore dalla fronte, con in volto un'espressione a tratti debole, a tratti vuota. Non si può negare, tuttavia, che abbia evidenziato punti validi e importanti con ottimi riferimenti, cosa che avrebbe potuto portarlo a vincere il dibattito.

Sfortunatamente per lui, però, perse il dibattito contro Kennedy.

Perché?

Perché quando John F. Kennedy si alzò per fare il suo discorso era autorevole, vestito impeccabilmente e sicuro di sé. Modulava bene la voce, che non aveva mai vacillato.

La sua sicurezza e il suo aspetto fecero sembrare Nixon poco preparato e incerto e si sa quel che si dice delle prime impressioni: sono difficilissime da cambiare!

Quello è stato uno dei momenti decisivi nella carriera politica di John F. Kennedy, che fu catapultato sotto i riflettori. Fu allora che l'America e le persone di tutto il mondo si accorsero di lui.

Da quel momento i personaggi pubblici e i politici hanno cominciato a prestare più attenzione al modo in cui appaiono e si pongono, specialmente quando devono rivolgersi al pubblico.

Questo celebre esempio dimostra come il linguaggio del corpo possa fare la fortuna o la rovina della carriera di una persona.

Che cos'è il linguaggio del corpo?

Il linguaggio del corpo è un mezzodi comunicazione non verbale. Riguarda la comunicazione che avviene usando i movimenti del corpo, le posture, i contatti visivi, l'intonazione della voce e lo spazio, anziché le parole o i discorsi espressi verbalmente.

Per questo la psicologia definisce il linguaggio del corpo semplicemente come l'arte di comunicare senza l'uso delle parole.

Il linguaggio del corpo può essere intenzionale o non intenzionale, motivo per cui non possiamo permetterci di ignorarlo.

Talvolta non ci rendiamo conto che gli altri attribuiscono un significato a quello che facciamo o al nostro aspetto. Nixon pensava di poter arrivare al dibattito con l'aspetto che aveva, potendo contare su un discorso ben preparato e qualche asso nella manica per spiazzare il suo rivale.

Per sua sfortuna, trascurò proprio l'aspetto su cui il pubblico si concentrò: ebbero l'immagine di una persona noncurante e impreparata e niente di quello che disse importò più granché.

L'essere umano medio è più intelligente di quello che la maggior parte di noi crede e riesce a osservare gli altri dando un senso alle loro azioni e alle apparenze. È il motivo per cui a volte ci troviamo a guardare una persona e decidere che non ci piace senza averci mai parlato: probabilmente il suo linguaggio del corpo ci stava mandando dei segnali che non ci piacevano.

Ma perché la nostra comunicazione corporea è così importante? Scopriamolo nel dettaglio:

Perché il linguaggio del corpo è importante?

Molti esperti sostengono che le parole costituiscano appena il 30% di qualsiasi conversazione tra due persone o in un gruppo. Il restante 70% della comunicazione è non verbale, avviene cioè attraverso gesti, segnali ed espressioni.

Tra le altre ragioni per cui è importante imparare l'arte della comunicazione non verbale va considerato che:

1. Aiuta a esprimere meglio i sentimenti. Potresti trovarti in situazioni in cui non vuoi che le persone riportinole tue parole. Sono momenti in cui puoi ricorrere tranquillamente all'uso del linguaggio del tuo corpo per far arrivare il messaggio. Inoltre, saper leggere il linguaggio del corpo ti permetterà di identificare le vere intenzioni delle persone coinvolte nella comunicazione.

2. Puoi usare il linguaggio non verbale per rimarcare le tue parole e fare in modo che quello che dici abbia un impatto sugli altri,

assicurandoti la loro attenzione ogni volta che parli.

3. Il linguaggio del corpo rinforza la tua fiducia. È un aspetto importante specialmente se sei in una posizione di leadership o se hai un pubblico davanti. In queste situazioni, conoscere il funzionamento della comunicazione corporea ti impedisce di usarla in maniera sbagliata, cosa che potrebbe causare sfiducia o insicurezza.

4. A volte certe persone ci sembrano "fastidiose" semplicemente perché non sanno quando fermarsi. L'arte di comunicare tramite il linguaggio del corpo ci insegna a leggere i sentimenti degli altri, a riconoscere quando non sono a loro agio o hanno delle riserve a parlare di determinati argomenti. Conoscerla ci aiuta a non far arrabbiare le persone e, anzi, a farle contente o assecondare i loro desideri.

5. Il linguaggio del corpo ti rende un negoziatoremigliore. Negli affari in particolare, sarai in grado di interpretare

chi hai di fronte, decifrandone le intenzioni o le prossime mosse. Potrai quindi decidere di agire nel modo che più ti conviene.

L'aspetto più importante della comunicazione del corpo è che costruisce relazioni personali e professionali più solide e migliori. In fin dei conti, ci aiuta a diventare una versione migliore di noi stessi.

Una volta chiariti questi aspetti, passiamo ai diversi elementi fondamentalidel linguaggio del corpo.

Elementi della comunicazione con il linguaggio del corpo

Sono molti gli elementi che compongono la comunicazione del corpo. Tra questi vi sono:

Espressioni del volto

Occhi

Gesti

Postura

Voce

Aspetto

Contatto fisico

Movimento

La giusta combinazione di questi otto elementi contribuisce a farti diventare un comunicatore efficace. Vediamo nel dettaglio ciascun elemento:

Espressioni del volto

La mimica del volto è una delle maggiori fonti di espressione in ogni essere umano. Le sue espressioni sono come una lavagna che mostra le emozioni, così, anche se non siamo in grado di leggere la mente delle persone, chiunque capisca il linguaggio del corpo è in grado didecifrarne alcuni pensieri.

La tua mimica facciale indica quando sei felice, triste, interessato o disgustato senza bisogno di parole. Inoltre, il colore, le emozioni, le espressioni e il livello di sudorazione del tuo volto rivelano i tuoi pensieri e sentimenti. Nello specifico:

Colore del volto

Di seguito un elenco dei colori che il volto può assumere e del loro significato:

Bianco: un volto bianco indica che c'è un afflusso improvviso di sangue dal volto di una persona ai suoi muscoli; questo indica che la persona si sente minacciata o ha paura.

Rosso: un rapido afflusso di sangue verso il volto indica un'emozione forte, come imbarazzo, rabbia o felicità.

Blu: anche il blu indica paura, oppure freddo estremo.

Sudorazione del viso

Il sudore è il meccanismo di raffreddamento del corpo. Ma può rivelare molto anche riguardo ai sentimenti o alle emozioni di una persona. Essere troppo agitati o emozionati può farci sprigionare calore, perciò il corpo cercherà di raffreddarsi, producendo sudore.

Mimica facciale delle emozioni

Esistono decine di segnali con cui il volto può svelare i veri sentimenti di una persona. Tali segnali possono includere:

- Dilatare le narici, voltare la testa dall'altra parte, arricciare il naso, tenere la bocca chiusa con la lingua che sporge possono essere segnali di disgusto;
- Occhi bassi o umidi, labbra strette, testa rivolta verso il basso possono indicare tristezza;
- Scuotere la testa, avere occhi umidi con le sopracciglia leggermente ravvicinate può essere indice di un sentimento di pena o compassione;
- Occhi dilatati, occhi che guardano in basso o chiusi e bocca socchiusa possono significare paura;
- Testa inclinata in avanti, occhi spalancati con pupille dilatate, labbra leggermente aperte e sorriso possono essere segnali di desiderio;

- Risate, occhi luminosi, sopracciglia leggermente sollevate e testa alta sono indici di felicità;
- Tenere la testa tra le mani, le labbra tirate da un lato, guardare altrove durante una conversazione può significare noia;
- Arrossire, tenere le sopracciglia o la testa basse può indicare vergogna;
- Naso arricciato, angoli della bocca che puntano verso il basso e occhi fissi possono voler dire invidia;
- Occhi spalancati, testa inclinata di lato con il mento abbassato sono segnali di sorpresa;
- Estremità esterne delle sopracciglia abbassate e bocca inclinata da un lato possono indicare che si è sollevati.

Questi pochi esempi delle espressioni facciali più comuni e diffuse sono utili da imparare a riconoscere, se si vuole diventare comunicatori migliori e più efficaci.

Occhi

Nel linguaggio del corpo anche gli occhi sono molto importanti. Sono "lo specchio dell'anima" poiché mandano segnali consci e inconsci.

Alcuneistruzionida conoscere sui segnali più comuni del linguaggio degli occhi sono:

Contatto visivo: in qualsiasi tipo di conversazione è vitale mantenere il contatto visivo. Farlo dimostra interesse, fiducia e riconoscimento; tuttavia, i contatti visivi possono avere significati diversi.

1. Guardare altrove: guardare altrove può significare disinteresse o noia;

2. Distogliere lo sguardo: anche se è importante mantenere il contatto visivo mentre parli, cerca però di distogliere lo sguardo ogni tanto per poi ristabilirlo. Un prolungato contatto visivo può infatti indicare che si sta sfidando l'altro o che stiamo flirtando. Evitarlo del tutto invece è scorretto, perché dimostra insicurezza.

3. Guardare l'interlocutore: guardare l'altro indica semplicemente che siamo interessati alla conversazione o alla persona che stiamo guardando. Tuttavia, evita di squadrare l'altro dalla testa ai piedi, in quanto ciò può significare che lo stai giudicando. Mantieni lo sguardo sopra il livello degli occhi ed evita di guardare la bocca o altre parti del corpo, se non vuoi che la persona fraintenda e lo scambi per un interesse romantico.

4. Sbattere le palpebre: succede anche involontariamente ed è un meccanismo con cui l'occhio si mantiene pulito, ma sbattere le palpebre rapidamente può indicare arroganza. Al contrario, un incremento di questo movimento delle palpebre può essere sinonimo di ipocrisia o di stress.

5. Stringere gli occhi: può indicare che si sta flirtando, oppure incertezza, o ancora inganno.

6. Guardare verso l'alto o il basso: guardare in alto rispetto all'interlocutore è talvolta associato a un sentimento di noia o a un giudizio. D'altra parte, guardare in basso può essere un segno di rispetto o di sottomissione.

7. Occhi umidi o lacrimanti: può essere un segnale di estremo sconforto o felicità, stanchezza, ansia, paura o tristezza.

8. Gettare sguardi alla porta: evita di guardare continuamente la porta durante una conversazione, altrimenti potresti sembrare disinteressato o pronto ad andartene.

9. Pupille dilatate/allargate: indicano desiderio sessuale.

10. Pupille ristrette: indicano disgusto.

11. Fare l'occhiolino: può significare che si sta complottando qualcosa, o indicare comprensione tra due individui.

Gesti

Mentre comunica, la maggior parte di noi muove inconsapevolmente delle parti del corpo come le braccia, le gambe, la testa e le dita. Anche questi gesti fanno parte del linguaggio del corpo. Alcuni dei più comuni gesti degni di nota sono:

1. Braccia incrociate: incrociare le braccia significa difendersi, ma può esprimere anche disaccordo o insicurezza.

2. Mangiarsi le unghie: può essere un segnale di nervosismo, stress o insicurezza.

3. Mani sulle guance: indicano grande concentrazione sul tema della conversazione. Ma possono anche segnalare che si è persi nei propri pensieri.

4. Grattarsi il naso: è un segno di ansia, stanchezza o impazienza.

5. Tamburellare con le dita: è sintomo di impazienza o stanchezza.

6. Sfregarsi le mani: sfregarsi le mani velocemente significa impazienza o entusiasmo.

8. Palmi aperti: i palmi delle mani aperti, rivolti verso l'alto, sono segno di sottomissione o di sincerità.

9. Tenere la testa tra le mani: può indicare turbamento o noia.

10. Dita rivolte verso l'alto: congiungere le dita delle mani e volgerleverso l'alto indica autorità o controllo.

11. Accarezzarsi la barba: capita quando si è immersi nei propri pensieri o nel ponderare una decisione importante.

12. Annuire: è un segnale universale di consenso, a volte di sottomissione.

13. Togliersi la lanugine dai vestiti: togliersi di dosso pelucchi immaginari può significare disapprovazione o disagio nei confronti dell'interlocutore.

14. Mani sulla testa: indica falsa sicurezza o un tentativo di intimidire l'altro.

Postura

Quando comunichi, il tuo corpo può assumere due tipi di postura: il tipo che indica apertura e quello che, al contrario, indica chiusura.

Durante una conversazione, comunicare apertura attraverso il linguaggio del corpo ti fa apparire espressivo e sicuro, ma può farti sembrare anche aggressivo o polemico. Tra gli esempi più comuni di comunicazione non verbale aperta vi sono:

Gambe non incrociate: tenere le gambe non incrociate, inclinarsi leggermente in avanti e poggiare le mani sulle cosce durante una conversazione può significare disonestà, o che si ha qualcosa da nascondere.

Braccia non incrociate: non incrociare le braccia è indice di sincerità, apertura e franchezza.

Un corpo che comunica chiusura può invece indicare che si hanno scopi ulteriori o segreti. Alcuni esempi di chiusura sono:

Gambe incrociate: incrociare le gambe da seduti può essere segno di disinteresse per i temi di discussione dell'interlocutore. Al contrario, stare in piedi con le gambe incrociate può indicare grande interesse per l'argomento di conversazione.

Braccia incrociate: a volte può essere un gesto di opposizione, di una decisione ormai presa e che non si vuole ridiscutere, o può indicare un rifiuto di accettare le opinioni o le idee dell'altro.

Voce

Quando parli, anche il tono della tua voce fa parte del linguaggio con cui il tuo corpo comunica. I principali aspetti con cui la voce contribuisce alla comunicazione corporea sono due:

Tono: il tono della tua voce dice molto delle tue emozioni in quel momento. Se sai come controllarlo, può anche nascondere i tuoi veri sentimenti. Una voce squillante denota entusiasmo e felicità, mentre una voce grave può indicare autorità o comando.

Enfasi: l'intonazione e la melodia della tua voce possono tradire una perdita di interesse. Per mostrare grande interesse in una conversazione, prova a enfatizzare le tue parole; allo stesso modo, ridurre l'enfasi sulle parole dimostrerà che hai perso interesse nella conversazione.

Aspetto

Anche l'apparenza contribuisce a qualsiasi conversazione.

La tua immagine ha un impatto visivo sugli altri e avere un aspetto curato può portarti lontano. Assicurati che il modo in cui sei vestito non mandi il messaggio sbagliato, vesti sempre in modo appropriato all'occasione e assicurati di essere in ordine, specialmente se hai un incontro di lavoro.

Contatto fisico

L'ultimo elemento del linguaggio del corpo è il contatto fisico. Si tratta di un argomento delicato, perché alcune persone interpretano il contatto come una maleducazione, un gesto irrispettoso o addirittura, a seconda della cultura, anche illegale.

Puoi toccare qualcuno per catturarne l'attenzione, metterlo a proprio agio o incoraggiarlo.

Tuttavia, sii discreto nel contatto, specialmente quando parli con una persona del sesso opposto.

Il prossimo capitolo è dedicato specificatamente all'uso del linguaggio del corpo nel business.

Il linguaggio del corpo nel business

Sapevi che il successo di qualsiasi incontro comincia nell'esatto momento in cui l'interlocutore posa gli occhi su di te? Una delle cose che l'altro nota, oltre al tuo aspetto, è l'aura che il linguaggio non verbale ti conferisce.

Il tuo corpo parla alle persone molto prima di quando apri bocca.

Dunque, proprio come di solito prepari i discorsi che farai e il tuo look per gli incontri di lavoro, dovresti curare anche il linguaggio non verbale: fermati a decidere come vuoi essere percepito dagli altri e i messaggi che vuoi che il corpo comunichi e preparati di conseguenza.

Di seguito trovi alcuni suggerimenti generici che puoi utilizzare per migliorare la comunicazione corporea in qualsiasi contesto di lavoro.

Assumi una postura corretta

Una delle prime cose che gli altri noteranno di te è come ti poni. Evita posture fiacche, come startene stravaccato, con le spalle ciondoloni e la pancia in fuori, perché ti faranno sembrare sfiduciato o insicuro e, senza rendertene conto, potresti finire per respingere gli altri. Prova invece a tenere il petto in fuori, le spalle indietro e la pancia in dentro. Mantieni anche la testa alta.

Quando stai in piedi, tieniti dritto con i piedi ben piantati a terra, a circa quindici-venti centimetri l'uno dall'altro. Se con te ci sono altre persone, metti un piede leggermente davanti a loro. Darai l'impressione di essere equilibrato o ben radicato.

Una stretta di mano decisa

Negli affari, la stretta di mano è molto importante. Può rafforzare o indebolire un rapporto. Dà sempre una stretta forte e decisa: prendi con sicurezza la mano del tuo interlocutore e mantieni il contatto visivo con lui mentre la stringi e la scuoti leggermente non più di tre volte. Da come ti viene stretta la mano puoi inoltre determinare le intenzioni del tuo interlocutore.

Ad esempio, quando una persona allunga la mano per stringere la tua e poi prova a portare la sua verso l'alto, sta cercando di controllarti; una mano sudata può indicare le la persona è timida o che è in uno stato di ansia.

Mantieni il contatto visivo

In precedenza abbiamo visto come il contatto visivo sia importante, specialmente se vuoi dimostrare fiducia o comprensione. Quando sei impegnato in una discussione con un'altra persona, stabilisci fin da subito il contatto visivo e continua a mantenerlo fino alla fine.

È importante anche sapere dove guardare: immagina che sul volto dell'altro ci sia un triangolo capovolto, con la base appena sopra gli occhi da cui partono gli altri due lati, che convergono tra il naso e la bocca. Questo triangolo immaginario rappresenta il tuo focus durante la conversazione.

Evita di fissare o di prolungare troppo lo sguardo senza interrompere il contatto visivo: ogni tanto guarda in basso e poi ritorna a posare lo sguardo sul triangolo immaginario, così che tu non venga percepito come intimidatorio o dominante.

Sorridi

Si tratta dell'espressione facciale più importante che tu possa adottare nelle comunicazioni di lavoro. Sorridi per creare un ambiente positivo e guadagnarti il rispetto delle persone. È preferibile sorridere piuttosto che accigliarsi o ridacchiare.

Suggerimenti sul linguaggio del corpo nel lavoro

Negoziare

Quando ci si trova a negoziare un affare, è normale tendere a voler avere il controllo per ottenere che la trattativa si chiuda a nostro favore. Tuttavia, è bene sapere che l'arte della negoziazione va oltre l'utilizzo delle parole giuste: anche il linguaggio del corpo contribuisce all'esito.

Ecco qualche suggerimento su come il non verbale può migliorare le tue trattative in futuro:

1. Costruisci un rapporto attraverso il rispecchiamento delle azioni, dei comportamenti e del tono di voce. L'interlocutore stabilirà una connessione con te.

2. Annuisci e mantieni il contatto visivo anche quando l'altro dice qualcosa su cui non sei d'accordo. Così facendo allenterai la tensione e costruirai un'alleanza, anche se i toni della conversazione dovessero essere polemici.

3. Non agitarti e non tenere strette le mani, altrimenti manderai segnali di nervosismo e l'altro potrebbe approfittarsene. Quindi cerca di proiettare

sempre fiducia ecompostezza tenendo le mani con le dita unite sotto il petto, a meno che tu non voglia sottolineare qualcosa di importante.

4. Tieni i piedi ben piantati a terra: ti aiuterà a mantenere la fiducia.

5. Assicurati che il tuo corpo sia rilassato, senza il minimo accenno di tensione, e che il linguaggio non verbale sia coerente con il tono della tua voce. Rimani tranquillo, parla piano ed evita parole o atteggiamenti aggressivi. Questo aumenterà la fiducia dell'altro nei tuoi confronti.

6. Sorridi. Sorridere crea un'aura amichevole che migliorerà l'esito della trattativa.

7. Infine, mantieni una postura aperta, non perdere il contatto visivo e sii paziente.

Nella prossima parte, discuteremo del linguaggio del corpo quando si parla in pubblico.

Suggerimenti sull'uso del linguaggio del corpo per parlare in pubblico, tenere un discorso e fare presentazioni

Se usato in modo efficace, il linguaggio del corpo è uno strumento molto potente. Puoi star sicuro che, nel momento in cui ti presenti di fronte a un pubblico, le persone ti valuteranno, ti osserveranno e ti giudicheranno. Con il linguaggio del corpo puoi contribuire a essere più influente, credibile e padrone della scena.

Per prima cosa, concentrati sul tuo aspetto. Il modo in cui appari al pubblico può determinare la sua reazione inconscia a te.

Di seguito trovi vari suggerimenti su come il linguaggio del corpo può aiutarti a diventare un oratore efficace in pubblico.

1. Usa una gestualità e dei movimenti che mantengano l'attenzione del pubblico su di te. Questo concetto è caratterizzato da quattro aggettivi: Neutrale, Aperto, Definito e Forte[1].

---

[1] Conosciuti con l'acronimo inglese NODS, che sta per Neutral, Open, Defined, and Strong (N.d.T.).

Neutrale: significa che è meglio iniziare a parlare adottando una posizione neutra, con le mani ai lati del corpo.

Aperto: aprirti al pubblico ti consente di influenzarlo e di permettergli man mano di influenzare te (con la capacità di leggerne gli stati d'animo e proseguire di conseguenza).

Definito: fa' in modo che i gesti che fai con le mani siano definiti.

Forte: i movimenti devono inoltre essere decisi.

2. Sfrutta il Tuo Spazio e non restare fermo in un punto: c'è un motivo se hai il palco a disposizione, usalo al meglio.

Usare lo spazio in modo efficace ti aiuta a mostrare al pubblico che sei sicuro e a tuo agio con te stesso, ma attenzione a non esagerare.

3. Sfrutta la tecnologia, ma non farti sfruttare da lei. Se la tua presentazione è corredata da qualche supporto video o audio, assicurati di averlo sotto controllo e provalo prima di salire sul palco. Ti eviterà inutili errori e distrazioni che ti farebbero apparire poco professionale.

4. Usa le espressioni del volto. Prima della presentazione, esercitati davanti allo specchio nelle espressioni facciali che vanno a supporto del tuo discorso. Talvolta le espressioni del viso possono determinare gran parte del discorso.

5. Lavora sul parlato. Sapere quali sono le parole giuste da usare contribuisce al successo del tuo discorso, quindi prima di presentarlo esercitati, esercitati ed esercitati ancora.

Successivamente, discuteremo come usare il linguaggio del corpo a tuo favore nei colloqui di lavoro.

Suggerimenti sull'uso del linguaggio del corpo nei colloqui di lavoro

Spesso ai colloqui di lavoro si respira un clima competitivo, in cui ogni candidato ha qualche asso nella manica da giocarsi per assicurarsi il posto. Tuttavia, molti tendono a trascurare il linguaggio del loro corpo.

Gli esperti in sviluppo di carriera ritengono che il giusto non verbale aiuti a ottenere un lavoro, perché è uno degli elementi che i selezionatori osservano per comprendere il carattere del candidato.

Per assicurarti di essere il candidato che poi verrà assunto,

Siediti correttamente

Siediti dritto e ben saldo, con la schiena appoggiata alla sedia. Se sei troppo abituato a startene ricurvo e ti è difficile rimanere dritto, prova a immaginare che ci sia un filo invisibile che parte dal soffitto e ti tira su dalla cima della testa. È un trucco che ti aiuterà a evitare di ingobbirti senza accorgertene.

Evita il Contatto Visivo Diretto

Guardarsi negli occhi è importante quando si comunica, ma nei colloqui è meglio mantenere un contatto visivo con il volto, piuttosto che guardare direttamente negli occhi. Così facendo, darai l'impressione di essere coinvolto e interessato alla discussione. Immagina che sul volto del selezionatore ci sia un oggetto che ruota e seguilo con gli occhi. Puoi ruotare lo sguardo dalla fronte alle narici, alla bocca, agli occhi e così via, evitando così di fissare l'interlocutore e sembrareimpreparato.

Usa la Gestualità

Durante un colloquio, sfrutta la gestualità delle mani a tuo vantaggio. Non usare le mani può far pensare a chi ti sta valutando che tu le nasconda perché sei ansioso o per scarsa fiducia in te, messaggi da non dare in una situazione del genere.

Palmi rivolti verso l'alto

Precedentemente abbiamo parlato di cosa vuol dire tenere i palmi delle mani aperti in una discussione. Significa essere onesti e non avere niente da nascondere. Per stabilire la fiducia e apparire sicuro e trasparente in un colloquio, adotta un linguaggio del corpo che comunichi apertura, il che include anche tenere i palmi rivolti verso l'alto.

Piedi ben piantati a terra

Siediti dritto, sta' di fronte al tuo interlocutore e tieni i piedi a terra. Non distogliere lo sguardo dal selezionatore e non guardare mai verso la porta.

Respira

Dirti di non essere ansioso prima, durante e subito dopo un colloquio sarebbe chiedere troppo: chiunque, anche la persona più sicura del mondo, prova un po' d'ansia e apprensione prima di una situazione importante come un colloquio per un lavoro.

Anche se il nervosismo ti logora dentro, impara a controllare la tua ansia affinché non sia troppo evidente. Un modo per farlo è respirare: quando parli, inspira ed espira. La tua ansia non sarà troppo visibile e il battito del cuore rallenterà.

Cammina con sicurezza

Il modo in cui cammini fa parte del linguaggio del tuo corpo: muoviti con sicurezza, tenendo le spalle indietro e il collo allungato. Mentre cammini, rivolgi le punte dei piedi verso l'intervistatore e guardalo di tanto in tanto finché non lo raggiungi, poi stringigli la mano prima di sederti.

Annuisci quando ascolti

Non limitarti a star fermo a guardare il tuo interlocutore mentre parla: annuisci per mostrare comprensione, concentrazione e intelligenza. Se si presenta l'occasione, sorridi cordialmente. Infine, avvicinati. Puoi avvicinarti nei momenti in cui vuoi che il tuo linguaggio del corpo sia coerente con quello che dici.

In tutto ciò che fai, assicurati di non commettere gli errori di cui parleremo di seguito.

Errori da evitare nell'uso del linguaggio del corpo

Sul lavoro ci sono vari tipi di errori del linguaggio del corpo da non commettere, perché potrebbero danneggiare la tua carriera. Anche se li abbiamo già visti nei precedenti capitoli, è importante evidenziarli in una sezione dedicata.

Tra gli errori da non commettere ci sono:

Gesticolare eccessivamente

Quando parli con gli altri, non esagerare nel gesticolare, perché questo può implicare che tu stia manipolando la realtà o tentando di camuffare una disonestà. Per mostrare sincerità e fiducia, fa' gesti piccoli e controllati.

Non guardare l'orologio

Guardare l'orologio da polso, specialmente se con insistenza, è un segno di assoluta mancanza di rispetto e indica che non si è interessati alla conversazione o che la si trova noiosa. Può anche dare l'idea che tu sia una persona impaziente.

Non guardare la porta

Non continuare a voltarti verso la porta, anzi evita completamente di guardarla, tranne ovviamente quando la conversazione finisce e vuoi andare via.

Non dare le spalle

Voltarti e dare le spalle viene interpretato come un gesto di maleducazione o di disagio. Può indicare che non ti interessa la conversazione o che non ti fidi di chi sta parlando.

Non incrociare braccia o gambe

Come detto, incrociare le braccia e le gambe comunica chiusura e un linguaggio non verbale chiuso non è positivo sul lavoro. I tuoi colleghi o soci potrebbero infatti pensare che tu sia disonesto, che tu nasconda qualcosa o che tu stia deliberatamente ignorando l'interlocutore. Incrociare braccia e gambe può inoltre significare testardaggine o disprezzo.

La mimica del volto non deve essere incoerente

Parole e tono di voce dovrebbero essere coerenti con le espressioni del tuo volto. Non puoi fare un discorso appassionato e deciso per esprimere scontento e sorridere allo stesso tempo. Questo genere di incoerenza manda il messaggio sbagliato e può confondere chi ti ascolta.

Non annuire con troppa enfasi

Troppa enfasi quando annuisci fa sembrare che tu finga di aver capito l'argomento in discussione. Annuire è un segno di accordo e concentrazione, ma non esagerare e se c'è qualcosa che non capisci, piuttosto che annuire, poni delle domande in merito. Le domande ti fanno apparire attento e interessato. Nel caso ti sfugga qualcosa, chiedi un chiarimento all'interlocutore.

Non ruotare gli occhi

Evita sempre di ruotare gli occhi. È un segno di mancanza di rispetto.

Non stringere i pugni

Stringere i pugni è una forma di linguaggio del corpo chiuso, che ti fa apparire polemico e sulla difensiva.

Non avvicinarti troppo

Rispetta lo spazio personale degli altri ed evita di avvicinarti troppo, a meno che tu non abbia già un rapporto personale con il tuo interlocutore.

Conclusioni

L'arte dell'uso del linguaggio del corpo non si impara dalla sera alla mattina: ci vogliono tempo e pratica costante. Perciò non abbatterti se ai primi tentativi non ci riesci. Continua a impegnarti e presto diventerai bravo a comprendere e mostrare i segnali non verbali.

Per far pratica, ritagliati del tempo ed esercitati in piedi o seduto davanti a uno specchio. Gradualmente, sarai in grado di correggere gli errori e sviluppare un ottimo linguaggio del corpo, che ti aiuterà a migliorare sul lavoro e nelle relazioni.

www.ingramcontent.com/pod-product-compliance
Lightning Source LLC
Chambersburg PA
CBHW071902070526
44583CB00016B/1801